AF309136

FRANÇOIS COPPÉE

LE

RELIQUAIRE

PARIS

ALPH. LEMERRE, LIBRAIRE-ÉDITEUR

PASSAGE CHOISEUL, 47

—

1867

LE RELIQUAIRE

Léop. Flameng del. sc
Salmon Imp.

LE
RELIQUAIRE

PAR

FRANÇOIS COPPÉE

Eau-forte de Léopold Flameng

PARIS

ALPHONSE LEMERRE, ÉDITEUR

47, PASSAGE CHOISEUL, 47

—

M.DCCC.LXVI

1866

LE

RELIQUAIRE

A mon cher Maître

LECONTE DE LISLE

Je dédie mes premiers vers.

F. C.

PROLOGUE

I.

PROLOGUE

Comme les prêtres catholiques,
Sous les rideaux de pourpre, autour
De la châsse où sont les reliques,

Brûlent, dans leur mystique amour,
Les longs cierges aux flammes pures,
Fauves la nuit, pâles le jour,

Qui jettent des lueurs obscures
Sur les bijoux tristes et noirs
Perdus dans l'or des ciselures ;

Et de même que, tous les soirs,
Ils font autour du reliquaire
Fumer les légers encensoirs ;

Dédaignant la douleur vulgaire
Qui pousse des cris importuns,
Dans ces poëmes je veux faire

A tous mes beaux rêves défunts,
A toutes mes chères reliques,
Une chapelle de parfums

Et de cierges mélancoliques.

VERS LE PASSÉ

VERS LE PASSE

Longuement poursuivi par le spleen détesté,
Quand je vais dans les champs, par les beaux soirs d'été,
　　　　Au grand air rafraîchir mes tempes,
Je ris de voir, le long des bois, les fiancés
Cheminer lentement, deux par deux, enlacés
　　　　Comme dans les vieilles estampes.

Car je dédaigne enfin les baisers puérils
Et la foi des seize ans, fleur brève des avrils,
Éphémère duvet des pêches,
Qui fait qu'on se contente et qu'on est trop heureux,
Si la femme qu'on aime a les bras amoureux,
L'âme neuve et les lèvres fraîches.

Elle est évanouie à jamais la candeur
Qui fait que l'on s'éprend d'un petit air boudeur
Qui n'est bien qu'à travers le voile,
Et qu'on n'a pas de mots assez ambitieux
Pour dire à ses amis qu'elle a de jolis yeux
Couleur de bleuet et d'étoile.

Et c'est la fin. Mon cœur, quitté des anciens vœux,
Ne saura plus le charme infini des aveux
Et ce bonheur qui vous inonde

Parce qu'un soir de mai, dans les bois, à Meudon,
Sur votre épaule, avec un geste d'abandon,
    Elle a posé sa tête blonde.

Et pourtant j'ai connu tout cela ; j'ai connu
Même ces doux projets de bonheur ingénu
    Dont l'âme si bien s'accommode :
L'hiver, le coin du feu, la chambre aux sourds tapis,
Et, dans un frais berceau, deux enfants assoupis
    Auprès de leur mère qui brode.

Mais cet espoir, hélas ! d'un avenir doré,
Ces apparitions, ces rêves ont duré
    Le temps d'une aube boréale,
Et mon esprit partit aux pays fabuleux
Où l'on pense cueillir les camélias bleus
    Et trouver l'amour idéale.

Là, j'ai beaucoup souffert, et j'en reviens meurtri.

En d'indignes plaisirs à jamais j'ai flétri

Les saintes blancheurs de mon âme.

Je reviens du rivage où j'avais émigré,

Et j'ai le front très-pâle ; et cependant, malgré

Ce que j'ai souffert par la femme,

Malgré ce cœur brisé, sans espoir et sans foi,

Ces débauches qu'on fait à la fin malgré soi

Comme de hideuses besognes,

Sans cesse je retourne à mon passé riant,

Ainsi qu'aux premiers froids toujours vers l'Orient

Reviennent les blanches cigognes.

SOLITUDE

SOLITUDE

Je sais une chapelle horrible et diffamée
Dans laquelle autrefois un prêtre s'est pendu.
Depuis ce sacrilége effroyable, on a dû
La tenir pour toujours aux fidèles fermée.

2.

Plus de croix sur l'autel, plus de cierge assidu,

Plus d'encensoir perdant son âme parfumée.

Sous les arceaux déserts une funèbre armée

De feuilles mortes court en essaim éperdu.

Ma conscience est cette église de scandales ;

Mes remords affolés bondissent sur les dalles ;

Le doute, qui faisait mon orgueil, me punit.

Obstiné sans grandeur, je reste morne et sombre,

Et ne puis même plus mettre mon âme à l'ombre

Du grand geste de Christ qui plane et qui bénit.

ADAGIO

ADAGIO

La rue était déserte et donnait sur les champs.
Quand j'allais voir, l'été, les beaux soleils couchants·
Avec le rêve aimé qui partout m'accompagne,.
Je la suivais toujours pour gagner la campagne,
Et j'avais remarqué que dans une maison
Qui fait l'angle et qui tient, ainsi qu'une prison,

Fermée au vent du soir son étroite persienne,

Toujours à la même heure une musicienne

Mystérieuse, et qui sans doute habitait là,

Jouait l'adagio de la sonate en *la*.

Le ciel se nuançait de vert tendre et de rose.

La rue était déserte; et le flâneur morose

Et triste, comme sont souvent les amoureux,

Qui passait, l'œil fixé sur les gazons poudreux,

Toujours à la même heure, avait pris l'habitude

D'entendre ce vieil air dans cette solitude.

Le piano chantait sourd, doux, attendrissant,

Rempli du souvenir douloureux de l'absent

Et reprochant tout bas les anciennes extases.

Et moi, je devinais des fleurs dans de grands vases,

Des parfums, un profond et funèbre miroir,

Un portrait d'homme à l'œil fier, magnétique et noir,

Des plis majestueux dans les tentures sombres,

Une lampe d'argent, discrète, sous les ombres,

Le vieux clavier s'offrant dans sa froide pâleur,
Et, dans cette atmosphère émue, une douleur
Épanouie au charme ineffable et physique
Du silence, de la fraîcheur, de la musique.

Le piano chantait toujours plus bas, plus bas.
Puis, un certain soir d'août, je ne l'entendis pas.

Depuis, je mène ailleurs mes promenades lentes.
Moi qui hais et qui fuis les foules turbulentes,
Je regrette parfois ce vieux coin négligé.
Mais la vieille ruelle a, dit-on, bien changé;
Les enfants d'alentour y vont jouer aux billes,
Et d'autres pianos l'emplissent de quadrilles.

A TES YEUX

A TES YEUX

Telle, sur une mer houleuse, la frégate

Emporte vers le Nord ses marins soucieux,

Telle mon âme nage, abîmée en tes yeux,

Parmi leur azur pâle aux tristesses d'agate.

Car j'ai revu dans leur nuance délicate

Le mirage lointain des Édens et des cieux

Plus doux que ferme à nos désirs audacieux

La figure voilée et sombre d'une Hécate.

Hélas! courbons le front sous le poids des exils!

C'est en vain qu'aux genoux attiédis des amantes

Nous cherchons l'infini sous l'ombre de leurs cils.

Jamais rayon d'amour sur ces ondes dormantes

Ne vibrera sincère et pur, et les maudits

Ne retrouveront pas les anciens paradis.

ET NUNC ET SEMPER

3.

ET NUNC ET SEMPER

Sous l'éclat blanc du jour, sous la fraîcheur des cèdres,
Sous la nuit où poudroie un peuple de soleils,
Longtemps j'ai promené mes souvenirs pareils
Aux tragiques douleurs des Saphos et des Phèdres.

Mais l'azur clair, les bois profonds, les blondes nuits

En moi n'ont point versé leurs influences calmes,

Sous les astres, sous les rayons et sous les palmes,

Sans espoir je promène encore mes ennuis.

Que la forêt frémisse ainsi qu'un chœur de harpes

Ou que le soir s'embaume aux calices ouverts,

Le son ou le parfum des maux jadis soufferts

Descend sur ma pensée en funèbres écharpes.

Ames tristes des fleurs, chastes frissons des bois,

Me haïssez-vous donc, puisqu'il faut que je sente

Dans vos aromes chers les baisers de l'absente

Et que j'entende en vos échos vibrer sa voix ?

L'ÉTAPE

A Albert Mérat

L'ÉTAPE

Les longs récits autour du poéle, à la caserne,
La guinguette et l'amour ne sont plus de saison.
Boucle ton sac et sangle à tes reins la giberne,
Conscrit, le régiment change de garnison.

La route est sèche et blanche, et lointain l'horizon :
Si tes pieds sont meurtris, marche dans la luzerne,
Et ne regarde pas le houx de la taverne ;
Les traînards ont la belle étoile pour maison.

Je suis du régiment de misère. La tombe,
Dernière étape, est loin encore, et je succombe
De fatigue, de faim, de soif et de chaleur.

Je marche, sans espoir que mon tourment s'apaise,
Et, comme un soldat fait de l'arme qui lui pèse,
Je ne puis que changer d'épaule ma douleur.

SOUS LES BRANCHES

SOUS LES BRANCHES

Palpitante encore du bal,
Elle voulut, la blonde fille,
M'accompagner jusqu'à la grille
Où j'avais lié mon cheval.

Malgré l'appel des ritournelles,
Au jardin nous nous attardions,
Et les choses que nous disions
Étaient tristes et solennelles.

Nous avions pris le long chemin,
Nous avions pris le chemin sombre.
Je ne la voyais pas dans l'ombre,
Mais je la tenais par la main.

Nos baisers rhythmaient nos paroles,
Et nous suivions, tendres et las,
La voûte obscure des lilas,
Qui s'étoilait de lucioles.

Et ma chevelure baignait,
Comme dans l'eau les pleurs d'un saule,
Son front posé sur mon épaule,
Son doux front qui s'abandonnait.

Et pour que l'opaque ramure

Couvrît notre rêve enchanté

De silence et d'obscurité,

La brise apaisait son murmure.

LA TRÊVE

LA TRÊVE

La fatigue nous désenlace.

Reste ainsi, mignonne. Je veux

Voir reposer ta tête lasse

Sur l'or épars de tes cheveux.

Tais-toi. Ce que tu pourrais dire
Sur le bonheur que tu ressens
Jamais ne vaudrait ce sourire
Chargé d'aveux reconnaissants.

Sous tes paupières abaissées
Cherche plutôt à retenir,
Pour en parfumer tes pensées,
L'extase qui vient de finir.

Et pendant ton doux rêve, amie,
Accoudé parmi les coussins,
Je regarderai l'accalmie
Vaincre l'orage de tes seins.

BOUQUETIÈRE

BOUQUETIÈRE

Un maître, de qui la palette
Se plaisait aux sombres couleurs,
A peint un élégant squelette
Portant un frais panier de fleurs.

Près de lui la danse macabre,
Comme les plis d'un noir drapeau,
Ondoie ; et reîtres à grand sabre,
Écoliers la pipe au chapeau,

Moines chauves, rois lourds d'hermine,
Bourgeois à ventres de bedeaux,
Loqueteux fiers de leur vermine,
L'emplâtre à l'œil, la loque au dos :

Tous passent, enlaçant des filles,
Ou marchant d'un air rogue et sec,
Ou clochetant sur des béquilles,
Au son du fifre et du rebec.

Pourtant la bande tout entière
Suspend sa danse et son caquet
Devant la maigre bouquetière,
Et chacun lui prend un bouquet.

Vieil artiste mélancolique,

Quels sont ces fous? Dans quel dessein

Cachent-ils comme une relique

Ces fleurs mortelles dans leur sein?

Je ne sais. Mais sur ma poitrine,

Souvenir des amours défunts,

Une fleur jadis purpurine

A vécu ses derniers parfums.

Ainsi qu'on fait d'un amulette,

Je la garde là, mais j'en meurs :

Et je songe au morne squelette

Prodiguant ses funèbres fleurs.

LE CABARET.

A Léon Valade

5.

LE CABARET

Dans le bouge qu'emplit l'essaim insupportable
Des mouches bourdonnant dans un chaud rayon d'août
L'ivrogne, un de ceux-là qu'un désespoir absout,
Noyait au fond du vin son rêve détestable.

Stupide, il remuait la bouche avec dégoût

Ainsi qu'un bœuf repu ruminant dans l'étable.

Près de lui le flacon, renversé sur la table,

Se dégorgeait avec les hoquets d'un égout.

Oh ! qu'il est lourd le poids des têtes accoudées

Où se heurtent sans fin les confuses idées

Avec le bruit tournant du plomb dans le grelot !

Je m'approchai de lui, pressentant quelque drame,

Et vis que dans le vin que crachait le goulot,

Lentement, il traçait du doigt un nom de femme.

LA VAGUE ET LA CLOCHE

LA VAGUE ET LA CLOCHE

Une fois, terrassé par un puissant breuvage,
J'ai rêvé que parmi les vagues et le bruit
De la mer je voguais sans fanal, dans la nuit,
Morne rameur, n'ayant plus l'espoir du rivage.

L'océan me crachait ses baves sur le front
Et le vent me glaçait d'horreur jusqu'aux entrailles.
Les lames s'écroulaient ainsi que des murailles,
Avec ce rhythme lent qu'un silence interrompt.

Puis tout changea. La mer et sa noire mêlée
Sombrèrent. Sous mes pieds s'effondra le plancher
De la barque... Et j'étais seul dans un vieux clocher,
Chevauchant avec rage une cloche ébranlée.

J'étreignais la criarde opiniâtrément,
Convulsif, et fermant dans l'effort mes paupières ;
Le grondement faisait trembler les vieilles pierres,
Tant j'activais sans fin le lourd balancement.

Pourquoi n'as-tu point dit, ô rêve ! où Dieu nous mène ?
Pourquoi n'as-tu point dit s'il ne finirait pas,
L'inutile travail et l'éternel fracas
Dont est faite la vie, hélas ! la vie humaine ?

UNE SAINTE

A ma mère

UNE SAINTE

C'est une vieille fille en cheveux blancs ; elle est

Pâle et maigre ; un antique et grossier chapelet

S'égrène, machinal, sous ses doigts à mitaines.

Sans cesse remuant ses lèvres puritaines

D'où tombent les *Pater noster* et les *Ave*,

Et laissant son tricot de laine inachevé,

Droite, elle prie, assise au coin d'un feu de veuve,

Dans sa robe de deuil rigide et toujours neuve.

Le logis est glacé comme elle. Le cordeau

Semble avoir aligné les plis droits du rideau

Que blêmit le reflet pâle d'un jour d'automne;

Et s'il vient un rayon de soleil, il détonne

Et sur le sol découpe un grand carré brutal.

Le lit est étriqué comme un lit d'hôpital.

L'heure marche sans bruit sous son globe de verre.

Tout est froid, triste, gris, monotone et sévère;

Et près du crucifix penché comme un fruit mûr,

Deux béquilles d'enfant, en croix, pendent au mur.

C'est une histoire simple et très-mélancolique

Que raconte l'étrange et lugubre relique :

Les baisers sur les mains froides des vieux parents,

La bénédiction tremblante des mourants,

Et puis deux orphelins tout seuls : le petit frère

Infirme, étiolé, qui souffre et qui se serre,

Frileux, contre le sein d'un ange aux cheveux blonds,

La grande sœur, si pâle avec ses voiles longs,

Qui, la veille, devant le linceul et le cierge,

Jurait aux parents morts, à Jésus, à la Vierge,

D'être une mère au pauvre enfant, frêle roseau.

Ce sont les petits bras tendus hors du berceau,

La douleur apaisée un instant par un conte,

L'insomnie, et la voix de l'horloge qui compte

L'heure très-lentement, les réveils pleins d'effrois,

Les soins donnés, les pieds nus sur les carreaux froids,

Les baisers appuyés sur la trace des larmes,

Et la tisane offerte, et les folles alarmes,

Et le petit malade à l'aurore n'offrant

Qu'un front plus pâle et qu'un sourire plus navrant.

Ce dévouement obscur a duré dix années.

Beauté, jeunesse, fleurs loin du soleil fanées,

Tout fut sacrifié sans plainte et sans regret;

Et quand, par les beaux soirs, un instant elle ouvrait

A la brise de mai, charmante et parfumée,

La fenêtre toujours par prudence fermée,

Et laissait ses regards errer à l'horizon,

Une toux de l'enfant refermait sa prison.

Elle est libre aujourd'hui.

                C'est une pauvre vieille,

Toujours en deuil, dévote, ascétique, pareille

Aux béguines qu'on voit errer dans le couvent.

Libre! Pauvre âme simple et douce! Bien souvent

Elle songe, très-triste, à son cher esclavage,

Et, tout bas, d'une voix sourde, presque sauvage,

Elle dit : « Il est mort ! » Puis elle s'attendrit

Et reprend : « Il avait déjà beaucoup d'esprit.

« Quand il était méchant, il m'appelait madame.

« Il est mort ! Le bon Dieu l'a pris. Sa petite âme

« A des ailes. Il est un ange en paradis.

« Sans quoi serait il mort ? Quelquefois je me dis

« Que Dieu prend les enfants pour en faire des anges.

« Puis il avait des mots et des regards étranges :

« Peut-être qu'il était ange avant d'être né ?

« Tes pleurs de chaque jour, ô pauvre condamné,

« Valent bien tous les longs *oremus* qu'on prodigue.

« Puis un signe de croix était une fatigue

« Pour son bras. Il savait souffrir, et non prier.

« Il est mort ! Une nuit, je l'entendis crier.

« J'accourus, je penchai la tête vers sa couche,

« Et sa dernière haleine a passé sur ma bouche.

« Et depuis ce temps-là je n'ai plus de gaîté.

« Le lendemain des gens sombres l'ont emporté.

« Pauvre martyr ! Sa bière était toute petite !

« J'ai laissé sur son cœur sa médaille bénite.

« Cela fera plaisir au bon Dieu, n'est-ce pas ?

« Il est au ciel. Hélas ! est-il heureux là-bas ?

« Les anges, on se fait parfois de ces chimères,

« Ont-ils soin des enfants aussi bien que les mères?

« Je doute. Pardonnez, Seigneur, à mon regret ! »

Et, baissant ses grands yeux où l'âme transparaît,

Elle active le cours rhythmique et monotone

De son lent chapelet. Et le soleil d'automne,

Qui dore les carreaux de ses rayons tremblants,

Met de vagues lueurs parmi ses cheveux blancs.

RÉDEMPTION

RÉDEMPTION

Pour aimer une fois encor, mais une seule,
    Je veux, libertin repentant,
La vierge qui, rêveuse aux genoux d'une aïeule,
    Sans m'avoir jamais vu, m'attend.

Elle est pieuse et sage, elle dit ses prières
        Tous les soirs et tous les matins,
Et ne livre jamais aux doigts des chambrières
        Ses modestes cheveux châtains.

Quelquefois, le dimanche, en robe étroite et grise,
        Elle sort au bras d'un vieillard,
Laissant errer la vague extase et la surprise
        Innocente de son regard.

Et les oisifs n'ont point de pensers d'infamies
        Devant ses yeux calmes et doux,
Lorsque dans les jardins, chez les fleurs, ses amies,
        Elle arrive à ses rendez-vous.

Elle est ainsi, n'aimant que les choses fleuries,
        Préférant, pour passer le soir,
Les patients travaux de ses tapisseries
        Aux sourires de son miroir.

Elle a le charme exquis de tout ce qui s'ignore.
Elle est blanche, elle a dix-sept ans,
Elle rayonne, elle a la clarté de l'aurore
Comme elle a l'âge du printemps.

Les heures des longs jours pour elle passent brèves ;
Et, s'exhalant comme un parfum,
Elle voit chaque nuit des blancheurs dans ses rêves,
Et toute sa vie en est un.

Telle elle est, ou du moins je la devine telle,
Lys candide, cygne ingénu.
Je la cherche, et bientôt, quand j'aurai dit : c'est elle,
Quand elle m'aura reconnu,

Je veux lui donner tout, ma vie et ma pensée,
Ma gloire et mon orgueil, et veux
Choisir pour la nommer enfin ma fiancée
Une nuit propice aux aveux.

Elle viendra s'asseoir sur un vieux banc de pierre,
Au fond du parc inexploré,
Et me regardera sans baisser la paupière,
Et moi, je m'agenouillerai.

Doucement dans mes mains je presserai les siennes
Comme on tient des oiseaux captifs,
Et je lui conterai des choses très-anciennes,
Les choses des cœurs primitifs.

Elle m'écoutera, pensive et sans rien dire,
Mais fixant sur moi ses grands yeux,
Avec tout ce qu'on peut mettre dans un sourire
D'amour pur et religieux.

Et ses yeux me diront, éloquences muettes,
Ce que disent à demi-voix
Les amants dont on voit les claires silhouettes
Blanchir l'obscurité des bois.

Et sans bruit, pour que seul, oh! seul, je puisse entendre
    L'ineffable vibration,
Jusqu'à moi son baiser descendra, grave et tendre
    Comme une bénédiction.

Et quand elle aura, pure, à ma coupable lèvre
    Donné le baiser baptismal,
Sans doute je pourrai guérir enfin ma fièvre
    Et t'expulser, regret du mal!

Oui, bien qu'autour de moi plane toujours et rôde
    L'épouvante de mon passé,
Que mon lit garde encor ta place toute chaude,
    O désir vainement chassé!

Je pourrai, je pourrai, Nixe horrible, Sirène,
    Secouer enfin la langueur
De mes sens et purger, ô femme! la gangrène
    Dont tu m'as saturé le cœur,

Ainsi que fait du fard brûlant dont il se grime

L'histrion, chanteur d'opéras,

Ou comme un spadassin essuie, après le crime,

L'épée atroce sous son bras !

POÈMES DIVERS

LE JONGLEUR

A Catulle Mendès

LE JONGLEUR

Las des pédants de Salamanque
Et de l'école aux noirs gradins,
Je vais me faire saltimbanque
Et vivre avec les baladins.

Que je dorme entre quatre toiles,
La nuque sur un vieux tambour,
Mais que la fraîcheur des étoiles
Baigne mon front brûlé d'amour.

Je consens à risquer ma tête
En jonglant avec des couteaux,
Si le vin, ce but de la quête,
Coule à gros sous sur mes tréteaux.

Que la bise des nuits flagelle
La tente où j'irai bivaquant,
Mais que le maillot où je gèle
Soit fait de pourpre et de clinquant.

Que j'aille errant de ville en ville
Chassé par le corrégidor,
Mais que la populace vile
M'admire ceint d'un bandeau d'or.

Qu'importe que sous la dentelle,
Devant mon cynisme doré,
Les dévotes de Compostelle
Se signent d'un air timoré,

Si la gitane de Cordoue,
Qui sait se mettre sans miroir
Des accroche-cœurs sur la joue
Et du gros fard sous son œil noir,

Trompant un hercule de foire,
Stupide et fort comme un cheval,
M'accorde, un soir d'été, la gloire
D'avoir un géant pour rival !

Croule donc, ô mon passé ! croule,
Espoir des avenirs mesquins,
Et que je tienne enfin la foule
Béante sous mes brodequins !

Que je la voie, ardente, suivre
Le cercle pur que décriront
Les sonores poignards de cuivre
Sur ma tête envolés en rond,

Et que, l'œil fou de l'auréole
Qu'allume ce serpent vermeil,
Elle prenne un jour pour idole
Le fier jongleur, aux dieux pareil!

INNOCENCE.

A Léopold Horovitz

INNOCENCE.

Si chétive, une haleine, une âme,

L'orpheline du porte-clés

Promenait dans la cour infâme

L'innocence en cheveux bouclés.

Elle avait cinq ans; son épaule

Etait blanche sous les haillons,

Et, libre, elle emplissait la geôle

D'éclats de rire et de rayons.

Un bon vieux repris de justice

Sculptait pour elle des joujoux;

L'ancien crime et le jeune vice

L'avaient prise sur leurs genoux;

Et rappelant la mandragore

Qui fleurit au pied du gibet,

Elle était plus charmante encore

Le jour qu'une tête tombait.

LA MORT DU SINGE

A Ernest d'Hervilly

LA MORT DU SINGE

Frissonnant jusque dans la moelle,
Pelé, funèbre et moribond,
Le vieux singe, près de son poêle,
Tousse en râlant et se morfond.

Composant, malgré sa détresse,
La douleur qui le fait mourir,
Il geint : mais sa plainte s'adresse
Au public qu'il veut attendrir.

Comme une phthisique de drame
Pâmée en ses neigeux peignoirs,
Il joint, avec des airs de femme,
Ses petits doigts ridés et noirs ;

Et des pleurs, traçant sur sa face
Deux sillons parmi les poils roux,
Font plus navrante sa grimace
Faite de rire et de courroux.

Vieil histrion, loin de tes planches,
Ainsi tu n'as pas regretté
Les bonds effarés dans les branches,
L'Inde immense, la liberté !

Ce que tu pleures, c'est la scène
Et ce palais de fil de fer
Dans lequel, parodiste obscène,
Grattant ton poil, montrant ta chair,

Railleur, tu faisais voir aux hommes
Ce qu'ils ont de vil et de laid,
Pour manger les trognons de pommes
Dont leur colère t'accablait!

MINUIT

MINUIT

Il est minuit passé. C'est l'heure taciturne :

Les fiacres ont déjà des tarifs fabuleux ,

Et la blonde Phœbé dans le ciel nébuleux

Sème les astres d'or dont déborde son urne.

Les amants dans le lit, rapprochés et frileux,

Accordent leurs baisers pour jouer un nocturne.

Le poète inédit, en des songes moelleux,

Se laisse supplier par Hachette ou par Furne.

Et pendant que le crime aimé du substitut

Intrigant se perpètre, et que sur l'Institut

Claquent au vent des nuits les tricolores toiles;

Que les polkeurs lassés vernissent les parquets,

N'ayant pas un ami sur moi, le long des quais,

Je récite tout haut mes sonnets aux étoiles.

RITOURNELLE

RITOURNELLE

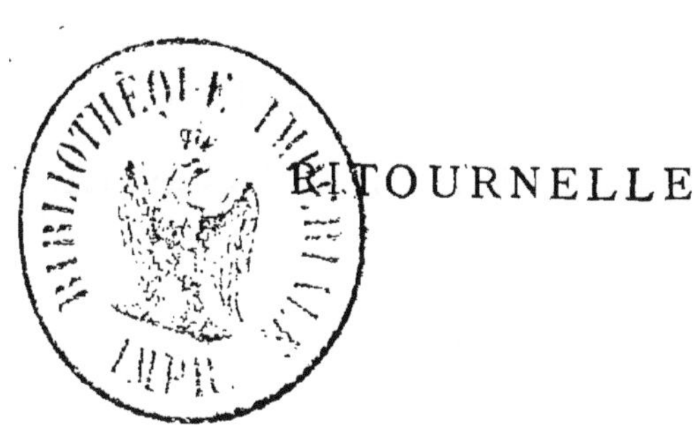

Dans la plaine blonde et sous les allées,

Pour mieux faire accueil au doux messidor,

Nous irons chasser les choses ailées,

Moi, la strophe, et toi, le papillon d'or ;

9.

Et nous choisirons les routes tentantes,

Sous les saules gris et près des roseaux,

Pour mieux écouter les choses chantantes,

Moi, le rhythme, et toi, le chœur des oiseaux.

Suivant tous les deux les rives charmées

Que le fleuve bat de ses flots parleurs,

Nous vous trouverons, choses parfumées,

Moi, glanant des vers, toi, cueillant des fleurs.

Et l'amour, servant notre fantaisie,

Fera ce jour-là l'été plus charmant.

Je serai poète, et toi poésie.

Tu seras plus belle, et moi plus aimant.

A UNE TULIPE

A UNE TULIPE

O rare fleur! ô fleur de luxe et de décor!
Sur ta tige toujours dressée et triomphante,
Le Velasquez eût mis à la main d'une infante
Ton calice lamé d'argent, de pourpre et d'or.

Mais, détestant l'amour que ta splendeur enfante,

Maîtresse esclave, ainsi que la veuve d'Hector,

Sous la loupe d'un vieux, inutile trésor,

Tu t'alanguis dans une atmosphère étouffante.

Tu penses à tes sœurs des grands parcs, et tu peux

Regretter le gazon des boulingrins pompeux,

La fraîcheur du jet d'eau, l'ombrage du platane :

Car tu n'as pour amant qu'un bourgeois de Harlem,

Et dans la serre chaude, ainsi qu'en un harem,

S'exhalent sans parfum tes ennuis de sultane.

LE FEU FOLLET

LE FEU FOLLET

Par une nuit d'orage et sous un ciel en deuil,
Parfois le paysan qui sort d'une veillée
Aperçoit au détour de la route mouillée
Un feu follet énorme et fixe comme un œil.

S'il s'avance, domptant son effroi par orgueil,

Le feu recule et semble, au fond de la feuillée,

. Par la brise de mer tordue et travaillée,

Une flamme d'alarme, au loin, sur un écueil.

Mais s'il fuit, le poltron, et regarde en arrière,

Il voit tout près, tout près, l'infernale lumière,

Grossissante et dardant sur lui son œil mauvais.

O vieux désir, pourquoi donc me poursuivre encore,

Puisque tu t'es enfui quand je te poursuivais?

Quand donc t'éteindras-tu? Quand donc viendra l'aurore?

L'HOROSCOPE

A Emmanuel Glaser

L'HOROSCOPE

Les deux sœurs étaient là, les bras entrelacés,
Debout devant la vieille aux regards fatidiques,
Qui tournait lentement de ses vieux doigts lassés
Sur un coin de haillon les cartes prophétiques.

10.

Brune et blonde, et de plus fraîches comme un matin,

L'une sombre pavot, l'autre blanche anémone,

Celle-ci fleur de mai, celle-là fleur d'automne,

Ensemble elles voulaient connaître le destin.

— La vie, hélas! sera pour toi bien douloureuse,

Dit la vieille à la brune au sombre et fier profil.

Celle-ci demanda : — Du moins m'aimera-t-il?

Oui.—Vous me trompiez donc. Je serai trop heureuse.

— Tu n'auras même pas l'amour d'un autre cœur,

Dit la vieille à l'enfant blanche comme la neige.

Celle-ci demanda : — Moi, du moins, l'aimerai-je?

Oui.—Que me disiez-vous? J'aurai trop de bonheur.

DAS HOROSCOP

Zwei Schwestern, Arm in Arm und Herz an Herz,

Auf der Sybille Ausspruch ängstlich warten,

Die langsam mischt, die Augen himmelwärts

Auf riss'gem Tuch die schicksalsschweren Karten.

Die Eine blond wie milder Sonnenschein,

Die Andre schwarzgelockt wie Sternennaechte;

Die Eine schuf der Mai, die Andre Herbstesmaechte,

Sie liessen sich die Zukunft profezei'n.

„ Dich wird das Leben rings mit Schmerz umstricken"

Beginnt das Weib zur Braunen, „und mit Pein"

Drauf fragt das Maegdlein : „ Wird er gut mir sein? "

„ Ia, Kind" „ Dann logst' du, mich wird's hoch beglücken!"

„ Dir wird selbst nicht ein warmer Liebesblick "

„ Mit schwarzen Lettern ist dein Loos geschrieben. "

Die Blonde fragt : „ Werd' ich ihn mindstens lieben? "

— „ Ach ja!" — „ Dann irrst du, zu gross ist mein Glück!'

(Traduit par Emmanuel GLASER.)

FERRUM EST QUOD AMANT

A Jose Maria de Heredia

FERRUM EST QUOD AMANT

Sous les pleurs du jet d'eau qui bruit dans la vasque,
Armide étreint les flancs du héros enchaîné.
Près d'Arès, qui de sang ruisselle, Dioné
Mêle ses fins cheveux aux crins rudes d'un casque.

Donc, ô femme ! toujours ton caprice fantasque

Aux boucles des brassards s'accroche fasciné.

Ton orgueil, par le glaive absurde dominé,

Tombe aux pieds des pesants pourfendeurs comme un masqu

Si tu t'offres ainsi, lubrique, à ces vainqueurs,

C'est qu'ils ont comme toi versé le sang des cœurs,

C'est que ta lèvre rouge est pareille à des traces

Sanglantes sur l'épée aux sinistres éclairs,

Et que, mieux qu'au miroir, dans l'acier des cuirasses,

Tu te plais à mirer tes yeux cruels et clairs.

LE LYS

A Amédée Baudit

LE LYS

Hors du coffret de laque aux clous d'argent, parmi
Les fleurs du tapis jaune aux nuances calmées,
Le riche et lourd collier qu'agrafent deux camées
Ruisselle et se répand sur la table à demi.

Un oblique rayon l'atteint. L'or a frémi.

L'étincelle s'attache aux perles parsemées,

Et midi darde moins de flèches enflammées

Sur le dos somptueux d'un reptile endormi.

Cette splendeur rayonne et fait pâlir des bagues

Éparses où l'onyx a mis ses reflets vagues

Et le froid diamant sa claire goutte d'eau ;

Et, comme dédaigneux du contraste et du groupe,

Plus loin, et sous la pourpre ombreuse du rideau,

Noble et pur, un grand lys se meurt dans une coupe.

CHANT DE GUERRE CIRCASSIEN

CHANT DE GUERRE CIRCASSIEN

Du Volga sur leurs bidets grêles,
Les durs Baskirs vont arriver.
Avril est la saison des grêles,
Et les balles vont le prouver.

Les neiges ont fini leurs fontes,

Les champs sont verts d'épis nouveaux ;

Mettons les pistolets aux fontes

Et les harnais d'or aux chevaux.

Que le plus vieux chef du Caucase

Bourre, en présence des aînés,

Avec le vélin d'un ukase

Les longs fusils damasquinés.

Qu'on ait le cheval qui se cabre

Sous les fourrures d'Astracan,

Et qu'on ceigne son plus grand sabre,

Son sabre de caïmacan.

Laissons les granges et les forges.

Que les fusils de nos aïeux

Frappent l'écho des vieilles gorges

De leur pétillement joyeux.

Et vous, prouvez, fières épouses,
Que celles-là que nous aimons
Aussi bien que nous sont jalouses
De la neige vierge des monts.

Adieu, femmes qui serez veuves;
Venez nous tendre l'étrier :
Et puis, si les cartouches neuves
Nous manquent, au lieu de prier,

Au lieu de filer et de coudre,
Pâles, le blanc linceul des morts,
Au marchand turc pour de la poudre
Vendez votre âme et votre corps.

VITRAIL

A Paul Verlaine

VITRAIL

Sur un fond d'or pâli, les saints rouges et bleus
Qu'un plomb noir délimite en dessins anguleux,
Croisant les bras, levant au ciel un œil étrange :
Marc, brun, près du lion ; Mathieu, roux, près de l'ange.

Et Jean, tout rose, avec l'oiseau des empereurs;

Luc, et son bœuf, qui fait songer aux laboureurs

Dont le Messie aux Juifs parle en ses paraboles,

Tous désignant d'un doigt rigide les symboles

Écrits sur un feuillet à demi déroulé,

Notre-Dame la Vierge, au front immaculé,

Présentant sur ses bras Jésus, le divin Maître,

Qui lève ses deux doigts pour bénir, comme un prêtre;

Le bon Dieu, blanc vieillard qu'entourent les élus

Inclinés sous le vol des Chérubins joufflus,

Et le Christ, abreuvé de fiel et de vinaigre,

Cambrant sur le bois noir son torse jaune et maigre.

LE FILS DES ARMURES

A Léopold Flameng

LE FILS DES ARMURES

Tous les ducs morts sont là, gloire d'acier vêtue,
Depuis Othon le Saint jusqu'à Job le Frugal;
Et devant eux, riant son rire musical,
L'enfant à soulever des armes s'évertue.

12.

Chaque armure, où l'aïeul se survit en statue

Sous la fière couronne et le cimier ducal,

Joyeuse, reconnaît d'un regard amical

Sa race qui déjà joue avec ce qui tue.

Plongé dans un fauteuil de cuir rouge, gaufré

De fleurs d'or, l'écuyer, grand vieillard balafré,

Feuillette un très-ancien traité de balistique :

Et les vieux casques ont des sourires humains,

Cependant qu'au milieu de la chambre gothique

L'enfant chevauche sur une épée à deux mains.

LES AIEULES

A madame Judith Mendès.

LES AIEULES.

A la fin de juillet les villages sont vides.

Depuis longtemps déjà des nuages livides,

Menaçant d'un prochain orage à l'occident,

Conseillaient la récolte au laboureur prudent.

Donc voici la moisson, et bientôt la vendange ;

On aiguise les faux, on prépare la grange ,

Et tous les paysans, dès l'aube rassemblés,

Joyeux, vont à la fête opulente des blés.

Or, pendant tout ce temps de travail, les aïeules,

Au village, devant les portes, restent seules ,

Se chauffant au soleil et branlant le menton,

Calmes et les deux mains jointes sur leur bâton ;

Car les travaux des champs leur ont courbé la taille.

Avec leur long fichu peint de quelque bataille,

Leur jupe de futaine et leur grand bonnet blanc ,

Elles restent ainsi tout le jour sur un banc,

Heureuses, sans penser peut-être et sans rien dire,

Adressant un béat et mystique sourire

Au clair soleil qui dore au loin le vieux clocher

Et mûrit les épis que leurs fils vont faucher.

Ah ! c'est la saison douce et chère aux bonnes vieilles !

Les histoires autour du feu, les longues veilles

Ne leur conviennent plus. Leur vieux mari, l'aïeul

Est mort, et quand on est très-vieux, on est tout seul.

La fille est au lavoir, le gendre est à sa vigne.

On vous laisse; et pourtant encore on se résigne,

S'il fait un beau soleil aux rayons réchauffants.

Elles aimaient naguère à bercer les enfants.

Le cœur des vieilles gens, surtout à la campagne,

Bat lentement et très-volontiers s'accompagne

Du mouvement rhythmique et calme des berceaux.

Mais les petits sont grands aujourd'hui; ces oiseaux

Ont pris leur vol; ils n'ont plus besoin de défense :

Et voici que les vieux, dans leur seconde enfance,

N'ont même plus, hélas! ce suprême jouet.

Elles pourraient encor bien tourner le rouet.

Mais sur leurs yeux pâlis le temps a mis son voile;

Leurs maigres doigts sont las de filer de la toile;

Car de ces mêmes mains que le temps fait pâlir,

Elles ont déjà dû souvent ensevelir
Des chers défunts la froide et lugubre dépouille
Avec ce même lin filé par leur quenouille.

Mais ni la pauvreté constante, ni la mort
Des troupeaux, ni le fils aîné tombant au sort,
Ni la famine après les mauvaises récoltes,
Ni les travaux subis sans cris et sans révoltes,
Ni la fille, servante au loin, qui n'écrit pas,
Ni ces mille tourments qui font pleurer tout bas,
En cachette, la nuit, les craintives aïeules,
Ni la foudre du ciel incendiant les meules,
Ni tout ce qui leur parle encore du passé
Dans l'étroit cimetière à l'église adossé
Où vont jouer les blonds enfants après l'école,
Et qui cache, parmi l'herbe et la vigne folle,
Plus d'une croix de bois qu'elles connaissent bien,
Rien n'a troublé leur cœur héroïque et chrétien.

Et maintenant, à l'âge où l'âme se repose,

Elles ne semblent pas désirer autre chose

Que d'aller, en été, s'asseoir, vers le midi,

Sur quelque banc de pierre au soleil attiédi,

Pour regarder d'un œil plein de sereine extase

Les canards bleus et verts caquetant dans la vase,

Entendre la chanson des laveuses et voir

Les chevaux de labour descendre à l'abreuvoir.

Leur sourire d'enfant et leur front blanc qui tremble

Rayonnent de bien-être et de candeur; il semble

Qu'elles ne songent plus à leurs chagrins passés,

Qu'elles pardonnent tout, et que c'est bien assez

Pour elles que d'avoir, dans leurs vieilles années,

Les peines d'autrefois étant bien terminées,

Et pour donner la joie à leurs quatre-vingts ans,

Le grand soleil, ce vieil ami des paysans.

LE JUSTICIER

A Théodore de Banville

[illegible]

LE JUSTICIER

L'an mil quatre cent trois, juste un mois après Pâques,

Le jour des bienheureux saint Philippe et saint Jacques,

Très-haut et très-puissant Gottlob, dit *le Brutal*,

Baron d'Hildburghausen, comte de Schnepfenthal,

13.

Grand bailli d'Elbenau, margrave héréditaire

De Schlotemsdorff, seigneur du fleuve et de la terre,

Le doyen, le plus vieux des chevaliers saxons,

Qui, sur l'armorial, porte les écussons

De Ruhn et de Gommern écartelés, l'unique

Descendant d'une race altière et tyrannique,

Après être allé voir pendre trois paysans,

Malgré la pluie et ses quatre-vingt-quatorze ans,

Vers l'Angelus, après souper, presque sans fièvre

Mourut, les bras en croix et l'hostie à la lèvre,

En son château de Ruhn, sur l'Elbe.

        On arbora

Le drapeau noir, et tout le pays respira.

Car on était alors dans les guerres civiles ;

L'ivrogne Wenceslas avait vendu les villes

A prix d'or. Les seigneurs gouvernaient à leur gré

Et le vieux droit avait dès longtemps émigré.

Or, il avait été cupide et sanguinaire

Ce grand vieillard tout pâle et presque centenaire
Que le drap dessinait sur son lit de repos.
Il avait rétabli tous les anciens impôts ;
Et ses hallebardiers, démons de violence,
Faisaient payer les gens à coups de bois de lance.
Impôt sur la vendange, impôt sur la moisson,
Sur le gibier, sur les moulins, sur le poisson ;
Impôt même sur ceux qui font pèlerinage.
Impôt toujours, et quand on refusait, carnage.
Le vieux margrave avait des vengeances d'enfer.
Vêtu de fer, ganté de fer, masqué de fer,
Il arrivait, suivi de ses piquiers avides,
Et d'un geste faisait garnir les gibets vides.
Les vassaux, par le fer, la corde ou le bâton,
Mouraient ; les jeunes gens prenaient le hocqueton ;
Mais les vieux, tout couverts de haillons et de lèpres,
Il leur fallait aller, après l'heure des vêpres,
Mendier un pain noir aux portes du couvent.
Et sur la grande route on rencontrait souvent

Des mendiants douteux montrant d'horribles plaies.

Les bourgeois, enterrant les sous et les monnaies,
Avaient d'abord voulu se plaindre. Ils avaient pris
Un des leurs, un de ces malcontents à front gris
Qui portent des rouleaux auxquels pend une cire
Et qui font la grimace en disant le mot : Sire,
Pour aller supplier l'archevêque électeur,
A Trèves, en secret, et dire avec lenteur
Et sans fiel leurs griefs au très-saint patriarche.
Mais Gottlob, du prud'homme ayant su la démarche,
Envoya devant lui deux beaux mulets-très-lourds
Portant ciboires d'or et chappes de velours;
Et l'électeur, du bien de Dieu trop économe,
Reçut les dons et fit estraper le prud'homme.
Et l'on se tut.

　　　　　Or la misère redoublait,
Et Gottlob devenait centenaire. Il semblait

Qu'on ne dût jamais voir la fin de ce supplice.

Les vieilles lui donnaient le diable pour complice ;

Et tous désespéraient, et l'on criait merci !

Enfin il était mort ; c'était bien sûr. Aussi,

Comme les petits nids des forêts sont en joie

Quand la tempête emporte un vol d'oiseaux de proie,

Le bon peuple à grands cris saluait ce départ,

En allumant des feux de nuit sur le rempart,

Comme à Noël, après le temps des pénitences ;

Et les manants dansaient en rond sous les potences.

Dans le château fermé, prêtant l'oreille aux bruits

Du lointain apportés par la brise des nuits,

Les soldats, inquiets, veillaient aux meurtrières :

Et près du mort, un moine était seul en prières.

Assis dans un fauteuil de cuir, il rêvait, seul,

Observant sur le corps le dessin du linceul

Que rougissaient un cierge à droite, un cierge à gauche,

Et comparant ce lit funéraire à l'ébauche

Du marbre qu'on allait tailler pour le tombeau;

Ou, quand l'air plus glacé ravivait un flambeau

Et détournait ainsi sa vague rêverie,

Il regardait dans l'ombre une tapisserie

Obscure où se tordaient, confus, des cavaliers;

Ou bien suivait de l'œil l'arête des piliers.

Il était seul. Parfois une flamme hardie

Sur les vitraux étroits reflétait l'incendie,

Et les cris des vassaux en liesse au dehors

Par instants arrivaient moins lointains et plus forts.

Rigide sous le froc et pareil aux fantômes,

Le moine s'était mis à réciter des psaumes

Souvent interrompus d'un lent *miserere*,

Quand soudain il pâlit, et son œil égaré

S'emplit d'une épouvante effroyable et niaise.

Ses maigres doigts crispés aux deux bras de sa chaise,

Il restait là, dompté, pétrifié, béant.

Le margrave s'était dressé sur son séant,

Voilé, blanc, et faisant de grands gestes étranges

Pour se débarrasser de ses funèbres langes.

Et celui qu'on croyait la pâture des vers

Apparut tout à coup vivant, les yeux ouverts,

Reconnut d'un regard vague et surpris à peine

Le moine, les flambeaux, le crucifix d'ébène,

Le bénitier plein d'eau bénite avec son buis,

Et dit d'une voix claire :

      « Où suis-je? Je ne puis

« Dire si je rêvais ou si j'étais mort. Moine,

« Mes neveux ont-ils pris déjà mon patrimoine

« Et jeté bas le rouge étendard du beffroi?

« Suis-je défunt ou suis-je encor maître chez moi ?

« Réponds. Puis, comme j'ai la tête encor troublée,

« Cherche sur ce dressoir ma coupe ciselée,

« Et me verse un grand coup de vin.

« — En vérité!

« Dieu puissant, dit le moine, il est ressuscité !

« — Ressuscité? J'étais donc mort? Par mes ancêtres,

« Je vais faire demain pavoiser mes fenêtres,

« Recevoir mes neveux du haut de mon balcon

« Et leur offrir à tous une chasse au faucon

« Quand ils viendront, la larme à l'œil, pour mes obsèque

« Puis, après un repas comme en font vos évêques,

« Les renvoyer tous gris abominablement. »

Le moine avec deux doigts se signa triplement

Sur la poitrine, sur le front et sur la bouche,

Se leva, fit un pas vers le vieillard farouche

Et d'une voix encor palpitante d'émoi,

Il dit :

« Et maintenant, margrave, écoutez-moi.

« Tout à l'heure, à genoux, près de votre cadavre,

« Je priais en songeant que c'est chose qui navre

« Que de voir un vieillard, un grand seigneur, partir

« Sans avoir eu le temps de se bien repentir.

« Car l'absolution tombant des mains du prêtre

« Est encore soumise à l'Éternel peut-être ;

« Et sans contrition, l'orémus dépêché

« Ne guérit point l'ulcère horrible du péché.

« C'est pourquoi je priais avec ferveur dans l'ombre.

« Nous vivons dans un siècle inexorable et sombre,

« Monseigneur, dans un temps très-pervers, où les grands

« Du malheur populaire, hélas ! sont ignorants.

« Les gens de guerre ont tant piétiné l'Allemagne

« Qu'il ne reste plus rien debout sur la campagne.

« Les moissonneurs sont sans besogne, et nous n'aurons

« Bientôt plus de travail que pour les forgerons.

« C'est grand'pitié de voir les blés couchés, les seigles

« Perdus, et les festins des vautours et des aigles,

« Les seuls qui maintenant se nourrissent de chair.

« On mendie à tous les moutiers. Le pain est cher.

« Les villes ayant faim, les hameaux font comme elles,

« Et les mères n'ont plus de lait dans leurs mamelles.

« De cela les puissants n'ont soucis ni remords,

« Et moi, qui dois prier ici-bas pour les morts,

« Ma prière est surtout pour les grands et les riches :

« Car je vois des vassaux en pleurs, des champs en friches

« Et des pendus bercés par le vent des forêts ;

« Car je songe, margrave, aux éternels arrêts,

« A la stricte balance où se pèsent les âmes,

« Et j'entends le joyeux crépitement des flammes

« Qu'attise avec sa fourche énorme le démon. »

Le margrave éclata de rire.

« Un beau sermon,

« Dit-il. Et tu conclus ?

« Que si la mort tenace

« Vous épargne, c'est une effrayante menace,

« Un avis du Très-Haut, et que votre cercueil

« Avant longtemps aura franchi le dernier seuil,

« Et que Dieu vous accorde en son omnipotence,

« Gottlob, le juste temps de faire pénitence. »

« — Tu le vois, dit Gottlob, j'écoute de mon mieux

« Ton homélie, étant aujourd'hui très-joyeux

« De n'avoir point quatre ais de chêne pour chemise.

« Ne crois pas cependant qu'elle te soit permise

» Davantage, et retiens que, si je le voulais,

« Je te ferais chasser par deux de mes valets

« Fouaillant derrière toi mes limiers pour te mordre

« Aux jambes. Maintenant je t'avais donné l'ordre

« De m'aller vitement quérir à boire. Va. »

Le moine, qui s'était assis, se releva.

Son froc l'enveloppait de grandes lignes blanches ;

Ses mains en l'air sortaient tremblantes de ses manches

Et sous l'ombre de la cagoule, son regard

S'attachait fixement sur le marquis :

« Vieillard,

« Repens-toi, cria-t-il. Avant que de descendre

« Au tombeau, va souiller tes cheveux blancs de cendre

« Prends le cilice et prends la robe comme nous ;

« Aux marches des autels use tes vieux genoux.

« Va chanter les répons et va baiser la pierre

« Des cloîtres, et, la nuit, couche dans une bière.

« Le martinet armé de ses pointes de fer

« Entretenant la plaie ardente sur ta chair,

« L'*in pace*, l'escalier gluant où l'on trébuche,

« Le jeûne, le pain noir et l'eau bue à la cruche,

« Sont doux pour un pécheur qui se repent si tard ! »

« — Holà ! cria Gottlob, ridicule bâtard,

« Sache d'abord qu'il n'est qu'un vêtement qui m'aille :

« C'est mon habit de fer qu'on forgea maille à maille,

« Et que n'ont pu trouer les princes et les rois

« Quand j'étais lieutenant du duc Rudolphe Trois

« Et sergent de combat du bon empereur Charles,

« Moi, Gottlob, haut seigneur de Ruhn, à qui tu parles.

« Sache aussi que tous ceux qui portent de grands noms

« Et qui se font broder en or sur leurs pennons

« Des mots latins parlant de courage et de morgue

« Ne savent point hurler des psaumes sous un orgue ;

« Que leur musique, c'est le bruit des éperons,

« C'est la note écarlate et fière des clairons,

« Le frisson des tambours et le joyeux murmure

« Des estocs martelant le cuivre d'une armure.

« Sache aussi que je hais les frocards et tous ceux

« Qui se cachent, poltrons, dans les cloîtres crasseux

« Et ne lavent leurs mains qu'en prenant l'eau bénite.

« Ainsi, tais-toi, bon frère, et m'obéis bien vite. »

Le moine vers le lit fit encore deux pas.

« Redoute Dieu qui passe et qui ne revient pas.

« Margrave, il est encor temps de sauver ton âme.

« Mais tu fus vil, tu fus cruel, tu fus infâme.

14.

« Tu sembles aujourd'hui ne plus te souvenir

« De tes crimes; mais Dieu, qui les doit tous punir,

« Se rappelle, et la liste au ciel en est gravée.

« Au sac de Schepfenthal qui s'était soulevée,

« Tu tuas d'un seul coup, stupide meurtrier,

« Un échevin courbé jusqu'à ton étrier ;

« Puis tu le fis couper en morceaux et suspendre

« Au portail du donjon qu'alors on pouvait prendre

« Pour les crochets sanglants de l'étal des tripiers.

« A la chasse, une fois, tu te chauffas les pieds

« Dans le ventre béant d'un braconnier. Tes lances

« Faisaient autour de toi régner de noirs silences ;

« Mais qui t'aurait suivi sûrement t'eût rejoint

« Par le chemin sanglant que menaçaient du poing

« Les laboureurs avec leurs familles en larmes.

« Tu fis périr ta sœur enceinte. Tes gens d'armes

« Pillaient les voyageurs jusque dans les faubourgs,

« Et tu fis promener, chevauchant à rebours

« Des pourceaux, les bourgeois qui refusaient les dîmes.

« J'en passe. Et quand tu meurs, souillé de tous ces crimes;

« Et quand le Tout-Puissant, comme surpris de voir

« Ce monstre et te trouvant pour son enfer trop noir,

« Te repousse du pied sur la terre et t'accorde

« Le temps de lui crier enfin miséricorde,

« Le ciel par ton orgueil est encore insulté !

« Apprends donc maintenant toute la vérité.

« Ah ! tu n'as pas assez d'un prêtre pour arbitre ?

« Eh bien, vois cette flamme incendiant ta vitre;

« Entends ces cris de joie au lointain éclatants.

« Écoute et souviens-toi. Lorsque depuis longtemps

« Un loup, un ours ou quelque autre bête sauvage

« Exerçait dans nos bois antiques son ravage,

« Et lorsqu'il est enfin tombé sous les épieux,

« Le soir, sur les coteaux, on allume des feux

« Autour desquels, grandis par les flammes rougeâtres,

« Dansent, lourds et joyeux, les chasseurs et les pâtres.

« Marquis, c'est la coutume en Saxe, n'est-ce pas ?

« Puisqu'on en fait autant le jour de ton trépas,

« Et qu'on te traite ainsi qu'une bête féroce.

« — Silence ! » dit Gottlob avec un rire atroce.
Et se levant de ses deux poings sur l'oreiller,
Livide, fou de rage, il se mit à crier :

« Ah! vous mettez la flamme aux bûchers, misérables !
« Ah ! vous jetez au feu les pins et les érables
« Où je taillais jadis vos poteaux de gibet !
« Sans mon réveil, demain peut-être l'on flambait,
« Pour l'ébaudissement de toute la canaille,
« Avec mes ormes gris un margrave de paille.
« Ah! vous coupez gaîment, pour les mettre en fagots,
« Mes vieux chênes rugueux plantés du temps des Goths.
« Soit! puisque mon bon peuple aime le feu qui flambe,
« Dès ce soir, casque en tête et lance sur la jambe,
« J'accours pour voir s'il est joyeux et rayonnant,
« Le feu qu'on entretient de graisse de manant,
« Et je veux comparer les flammes et les braises.

« — Gottlob, Satan aussi prépare ses fournaises.

« Songe au feu qui rougeoie aux bouches des volcans;

« Marquis, songe aux damnés tordus et suffoquants

« Qui, perdus dans le gouffre et sous les sombres porches,

« Pour une éternité brûlent comme des torches;

« Songe qu'il est un Dieu, songe que tu mourras,

« Et que tous tes gibets de leur unique bras

« Te montrent le chemin de l'abîme. Margrave,

« Songe qu'après ta mort, toi qui fus noble et brave

« Et qui portais une hydre horrible à ton cimier,

« Tu seras faible et nu comme un ver de fumier.

« Alors, entraîné vers les flammes éternelles

« Par les démons, saignant sous l'ongle de leurs ailes,

« La corde aux mains, la fourche aux reins, les fers aux pieds,

« Tu roidiras tes vieux membres estropiés,

« Sans pouvoir fuir ce feu vers lequel on te penche,

« Et dont l'ardeur fera flamber ta barbe blanche.

« — Soit donc, reprit le vieux margrave. Je te dis,

« Moine, d'aller offrir tes clés de paradis

« A cette populace à chanter occupée,

« Et dont bientôt, par la grâce de mon épée,

« Plus d'un aura besoin d'avoir les cieux conquis.

« Pour mon compte, Satan est prince, moi marquis,

« Et j'irai le rejoindre en égal, car nous sommes

« Tous les deux de très-bons et très-vieux gentilshommes

« Puis je retrouverai là-bas, dans son enfer,

« Mes meilleurs compagnons de combat que le fer

« Jadis faucha parmi les sanglantes tempêtes,

« Et nous nous donnerons des tournois et des fêtes.

« Quant à vous, mes mignons, qui vous réjouissez,

« Et qui faites des feux de paille, et qui dansez,

« Je vais donner à tout le monde un peu de joie

« Et régaler si bien mes chers oiseaux de proie

« Que, dans cent ans, vos fils ôteront leur chapeau

« Quand ils traverseront l'ombre de mon tombeau. »

Et Gottlob, haletant d'une horrible folie,

Tourna son regard noir vers une panoplie

Où s'épanouissaient, comme une fleur de fer

Énorme, vingt estocs au reflet dur et clair

Que reliaient entre eux des toiles d'araignée.

Puis, s'élançant, car elle était trop éloignée,

Mit hors du lit sa jambe horrible de vieillard.

Le moine devant lui s'était dressé, hagard.

« Meurs donc dans ton blasphème et ton impénitence ! »

Dit-il; et d'un seul bond franchissant la distance

Qui le sépare encor du vieillard éperdu,

Nu-tête, et laissant voir sous son crâne tondu

Ses yeux creux et brillants comme un foyer de forge,

Calme et tragique, il prend le margrave à la gorge ;

Et, malgré cette voix qui crie : A l'assassin !

Malgré ces cheveux blancs épars sur le coussin,

Il l'étrangle en disant :

« Cette fois-ci, margrave,

« Meurs pour de bon. »

Alors, toujours tranquille et grave,

Il ramène le drap rejeté sur le mort,

Comme fait une mère à son enfant qui dort,

Ramasse un des flambeaux renversé, le rallume,

Puis se met à genoux, ainsi qu'il a coutume

De faire quand il prie à l'ombre du saint lieu,

Joint les deux mains et dit :

« Je me confesse à Dieu. »

TABLE

—

RELIQUAIRE

POËMES DIVERS

IMPRIMÉ PAR D. JOUAUST

LE VINGT OCTOBRE MIL HUIT CENT SOIXANTE-SIX

POUR A. LEMERRE, LIBRAIRE

A PARIS

CATALOGUE

DE LA LIBRAIRIE

ALPHONSE LEMERRE

47, Passage Choiseul, 47

A PARIS

MM. les Libraires qui désireraient avoir un compte ouvert dans notre maison sont priés de nous en faire la demande en nous donnant des références.

Toute marchandise demandée sera envoyée à compte ferme.

Les règlements se feront tous les trimestres.

MM. les Libraires auront la faculté d'*échanger* les marchandises non vendues dans le courant du trimestre qui suivra leur parution.

LA

PLÉIADE FRANÇOISE

RONSARD, DU BELLAY, BELLEAU, JODELLE, BAÏF,
DORAT, PONTUS DE TYARD.

Avec une *Étude* sur la langue de ces poëtes,
un *Glossaire*, des *Notices* biographiques et des notes

Par Ch. MARTY-LAVEAUX.

La collection formera 15 volumes. Il en paraîtra un tous les trois mois environ, à partir de juillet 1866; chaque volume, de 400 à 600 pages, sera imprimé en caractères anciens sur papier de Hollande, avec fleurons et culs-de-lampe gravés tout exprès pour cette publication.

Chaque volume sera tiré à 250 exemplaires *numérotés*.

250 { 230 sur papier de Hollande, à 25 fr. chacun.
18 sur papier de Chine, à 50 »
et 2 sur vélin. *Réservés.*

Tout souscripteur s'engagera à prendre la collection *complète* au fur et à mesure de sa publication.

La liste des souscripteurs sera publiée avec le dernier volume.

Le tome premier des *Œuures françoises* de *Ioachim Du Bellay* est en vente.

COLLECTION FORMAT IN-18 JÉSUS

A 3 FRANCS LE VOLUME.

TH. DE BANVILLE. *Les Exilés*, 1 vol.
CH. BERTRAND. . . *La Légende rustique*, 1 vol.
DE CHABRE . . . . *Boutades sur l'Amour et le Mariage*, 1 vol.
FR. COPPÉE. . . . *Le Reliquaire*, 1 vol.
CH. JOLIET. . . . . *Les Pseudonymes* (sous presse), 1 vol.
—   . . . . *Les Athéniennes*, 1 vol.
JULIO MILÈS. . . . *La Vallée du Chéliff*, 1 vol.
L.-X. DE RICARD. . *Ciel, Rue et Foyer*, 1 vol.
PAUL VERLAINE . . *Poëmes saturniens*, 1 vol.
SULLY PRUDHOMME. *Les Epreuves* (sonnets), 1 vol.

N. B. Il a été tiré quelques exemplaires des ouvrages ci-dessus sur papier de Hollande, sur papier de Chine et sur parchemin.

Envoi *franco* contre un bon sur la poste.

———

Pour paraître fin novembre :

HOMÈRE.

L'ILIADE

Traduction nouvelle en prose par M. LECONTE DE L'ISLE.

Un vol. in-8º. — Prix fr 10 c.

(L'Odyssée paraîtra en 1867.)

———

3075. — Paris, imprimerie JOUAUST, rue Saint-Honoré, 338.

www.ingramcontent.com/pod-product-compliance
Ingram Content Group UK Ltd.
Pitfield, Milton Keynes, MK11 3LW, UK
UKHW021524090726
13657UKWH00001B/396